Britta Kummer

Kochspaß mit Mäuserich Finn

AF175295

© 2024 Britta Kummer
2. Auflage

Alle Rechte vorbehalten
Nachdruck, auch auszugsweise, verboten.
Kein Teil dieses Werkes darf ohne schriftliche Genehmigung
der Autorin in irgendeiner Form reproduziert, vervielfältigt oder
verbreitet werden.

Satz: Britta Kummer
Covergestaltung: Britta Kummer
Webseite: http://brittasbuecher.jimdofree.com
E-Mail: info.britta-kummer@t-online.de

Illustrationen http://pixabay.com/
Fotos © privat
Bilder KI generiert

ISBN: 978-3-7568-5528-5
Herstellung und Verlag:
BoD – Books on Demand,
Norderstedt
www.bod.de

MIX
Papier aus verantwortungsvollen Quellen
Paper from responsible sources
FSC® C105338

FSC
www.fsc.org

Inhaltsverzeichnis

Dieses Buch hat keine Fotos zu den einzelnen Gerichten. Es wurde bewusst darauf verzichtet, um die Druckkosten niedrig zu halten und Dir das Buch preiswert anbieten zu können.

Ebenso gibt es keine Nährwertangaben, da diese auf fast allen Lebensmitteln angegeben sind.

Alle Rezepte in diesem Buch sind für zwei Personen, sofern nicht anders genannt. Bei Gerichten mit Fleisch gibt es auch einen Vorschlag für eine vegetarische Variante.

Ich schäle die Paprika vor dem Verzehr, da mir die Paprika ohne die harte Schale besser schmeckt. Das ist aber nicht erforderlich und muss jeder selbst für sich entscheiden. Man kann die Haut der Paprika bedenkenlos essen.

Die Gewürze sind auf meinen Geschmack abgestimmt. Aber die Geschmäcker sind bekanntlich verschieden. Deshalb ist Abschmecken das A und O. Nachwürzen kann man immer.

Vorwort

In diesem Buch findest Du abwechslungsreiche Rezepte, die den Teller richtig bunt und Lust auf mehr machen.

Ich habe für Dich so manche Leckerei zusammengestellt. Hier ist für jeden was dabei. Immerhin bin ich viel herumgekommen und dabei schnappt man natürlich einiges auf. All diese Rezepte haben es verdient, von Dir nachgekocht zu werden.

Sie sind gut beschrieben und die Gerichte leicht nachzukochen. Es muss nicht immer Fertigpizza oder Tütensuppe sein. Selber kochen macht Spaß und ist gar nicht so schwer.

Also nichts wie ran an den Herd und schwing zusammen mit den Eltern, der Oma, dem Opa, Tante, Onkel oder größeren Geschwistern den Kochlöffel. Du wirst sehen, gemeinsam macht es einen Riesenspaß. Und wer weiß, vielleicht entdeckst Du dabei ja die Lust am Kochen!

Dein Finn

Finn

Für all diejenigen, die mich noch nicht kennen, stelle ich mich erst einmal vor.

Mein Name ist Finn. Ich bin eine kleine Maus mit braunem, glänzend weichem Fell und habe schwarze Knopfaugen. Eigentlich finde ich, dass ich niedlich aussehe, aber die meisten Menschen schreien verängstigt auf, wenn sie mich sehen. Was ich nicht verstehen kann, denn sie sind viel größer als ich, und eigentlich sollte ich es sein, der Angst vor ihnen haben müsste. Ich bin wirklich ein netter Kerl, das könnt Ihr mir glauben.

Ich bin viel herumgekommen, vor allem mit meinem Freund Nepomuck (davon erzähle ich Euch später auch noch etwas), und da schnappt man natürlich viel auf und erlebt so einiges. Daher weiß ich auch, was Kinder gerne essen. Die meisten Kinder, auf die ich getroffen bin, waren wirklich sehr nett zu mir.

Zum Thema Essen: Ich bin wahrlich kein Kostverächter und habe eine große Schwäche für Erdbeeren. Aber auch zu anderen Leckereien sage ich nicht nein. Wir Mäuse sind ja Allesfresser, bevorzugen aber meist pflanzliche Nahrung wie Getreide, Samen, Haferflocken, Nüsse, Äpfel und anderes Obst. Aber es kann auch schon mal vorkommen, dass Würmer und Insekten verspeist werden. Bei mir nicht, die finde ich eklig, aber es gibt Mäusekollegen, die das verputzen.

Mein ständiger Hunger hat mich schon so in die eine oder andere brenzlige Situation gebracht. Leider schaltet dann mein Kopf aus und ich denke nur noch mit dem Bauch. Kann eben passieren. Sicher seid Ihr auch schon in das eine oder andere Missgeschick getappt. Dafür muss man sich nicht schämen. Seht Ihr doch auch so, oder?

Aber ich teile gerne. Und genau deshalb möchte ich Euch diese tollen Rezepte in dem Buch ans Herz legen. Die haben mir meine

Menschenfreunde verraten, und bestimmt schmecken sie Euch auch gut. Und sie sind nicht schwer nachzukochen. Mäuseehrenwort!

Also dann nichts wie ran an die Töpfe. Ich wünsche viel Spaß und gutes Gelingen beim Zubereiten der Gerichte und natürlich GUTEN APPETIT!

Gewürze

Gewürze entscheiden sehr stark mit, ob das Essen genießbar ist und schmeckt. Die Vielzahl an Gewürzen, die es heutzutage auf dem Markt gibt, macht es uns leicht, unseren Speisen den richtigen Pfiff zu geben.
Der Kochfantasie und Experimentierfreude sind dabei kein Grenzen gesetzt.

Hier nenne ich Dir mal einige Gewürze, die in keiner Küche fehlen sollten.

Cayennepfeffer
Currypulver
Paprikapulver
Knoblauchpulver
Kurkuma
Kreuzkümmel
Koriander
Kardamom
Oregano
Ingwer
Muskat
Lorbeerblätter
Zimt
Vanille
Pfeffer
Salz

Abkürzungen

Hier verrate ich Dir ein paar Abkürzungen und Maßeinheiten, auf die man häufig in Rezepten trifft.

1 Bch	1 Becher
1 Bd	1 Bund
1 Bl	1 Blatt
1 Btl	1 Beutel
1 EL	1 Esslöffel
1 Fl	1 Flasche
1 g	1 Gramm
1 KL	1 Kaffeelöffel
1 Kn	1 Knolle
1 Msp	1 Messerspitze
1 mg	1 Milligramm = 1/1000 g
1 PK	1 Päckchen
1 Pr	1 Prise
1 Spr	1 Spritzer
1 St	1 Stück
1 Stg	1 Stange
1 TL	1 Teelöffel
1 Tas	1 Tasse
1 Tr	1 Tropfen
1 Wf	1 Würfel
1 Z	1 Zehe (Knoblauch)
nB	nach Belieben
pP	pro Person

Liter – Abkürzung L
Milliliter – Abkürzung ml
1 L = 1000 ml
3/4 L = 750 ml
1/2 L = 500 ml
1/4 L = 250 ml
1/8 L = 125 ml

Deziliter – Abkürzung dl
1 dl = 100 ml

Zentiliter – Abkürzung cl
1 cl = 10 ml

Kilogramm – Abkürzung Kg
Gramm – Abkürzung g
1 Kg = 1000 g
3/4 Kg = 750 g
1/2 Kg = 500 g
1/4 Kg = 250 g
1/8 Kg = 125 g

Pfund – Abkürzung Pf
1 Pf = 500 g
1/2 Pf = 250 g

Küchenutensilien

Für die Arbeit in der Küche und das Kochen brauchst Du einige Utensilien. Sei aber bitte vorsichtig, wenn Du scharfe Messer oder elektrische Geräte benutzt. Am besten ist es, wenn ein Erwachsener Dir dabei zur Seite steht.

Hier mal ein paar wichtige Helfer, die nicht fehlen sollten:

Auflaufform
Töpfe
Pfannen
Topflappen
Löffel
Gabeln
Küchenmesser
Schneidebrett
Pfannenwender
Holzlöffel
Sieb
Schüsseln
Messbecher
Reibe
Saftpresse
Schneebesen
Suppenkelle
Kartoffelstampfer
Kartoffelschäler
Mixer
Pürierstab
Küchenmaschine
Küchenwaage

Frischhaltefolie
Alufolie
Backpapier

Köcheln, Kochen, Anschwitzen, Anbraten, Anrösten Pürieren, Marinieren

Bei den Rezepten in diesem Buch triffst Du auf die Wörter „Köcheln, Kochen, Anschwitzen, Anbraten, Anrösten, Pürieren und Marinieren."

Hier eine kleine Erklärung dazu.

Köcheln
Beim Köcheln wird die Speise, vor allem flüssige, über eine längere Zeit bei geringer Hitze gegart. Die Temperatur sollte gerade so knapp unter dem Siedepunkt sein, dass die Flüssigkeit am Brodeln gehalten wird, aber nicht anfängt zu kochen.

Kochen
Im Gegensatz zum Köcheln wird hier die Flüssigkeit so erhitzt, dass sie ordentlich sprudelt, blubbert oder dicke Blasen wirft.

Anschwitzen
Beim Anschwitzen wird die Speise mit etwas Fett und geringer Hitze zubereitet.

Anbraten
Beim Anbraten wird die Speise kurz bei hoher Temperatur zubereitet. Durch die starke Hitze bekommen die Lebensmittel eine schöne Kruste und entwickeln Röstaromen, die für mehr Geschmack sorgen.

Anrösten
Beim Anrösten wird die Speise bei starker Hitze unter mehrmaligem Wenden mit wenig oder ohne Fett angebraten.

Pürieren
Beim Pürieren wird das Lebensmittel zu einer breiähnlichen Masse, einem Püree verarbeitet.

Marinieren
Beim Marinieren wird Fleisch, Fisch, Tofu oder Gemüse in eine würzende Flüssigkeit (Marinade) eingelegt. Dadurch dringen die Gewürze tiefer in die Speise ein und machen sie aromatischer.

So, jetzt wird aber gekocht!

**Hygiene ist beim Kochen sehr wichtig.
Deshalb bitte immer vorher gründlich die Hände
mit Seife waschen und auch darauf achten, dass es
unter den Fingernägeln sauber ist.
Und natürlich müssen auch die Küchenutensilien
rein sein.**

Gurken-Schiff

Zutaten:
- 1 Schlangengurke
- 150 g Frischkäse
- 2 EL flüssiger Honig

Zubereitung:

Schlangengurke schälen, längs halbieren und die Kerne entfernen.

Frischkäse mit Honig verrühren und in die Vertiefung der Gurke füllen.

Spiegelei-Ringe

Zutaten:
- 1 rote Paprika
- 2 Eier
- 2 - 3 EL Butter

Zubereitung:
Paprika schälen, den Deckel abschneiden und die Kerne entfernen. Dann von der Paprika zwei fingerdicke Ringe abschneiden.

Butter in einer Pfanne erhitzen. Paprikaringe zufügen und von beiden Seiten darin andünsten.

Jeweils ein Ei in einen Paprikaring gleiten lassen und das Ei bei schwacher Hitze stocken lassen.

Buchstaben-Puffer

Zutaten:
- 100 g bunte Buchstaben-Suppennudeln
- 50 g Mais (Dose)
- 3 Eier
- 80 ml flüssige Sahne
- 2 - 3 EL Butter
- 1 - 2 Prisen Salz
- 2 - 3 Prisen Pfeffer

Zubereitung:
Buchstaben-Suppennudeln nach Packungsangabe zubereiten. Dann in einem Sieb abtropfen lassen.

Mais in einem Sieb abtropfen lassen.

Eier sowie Sahne verrühren und mit Salz sowie Pfeffer würzen. Nudeln und Mais zufügen.

Butter in einer Pfanne erhitzen. Mit einem Esslöffel Häufchen in die Pfanne geben, diese etwas platt drücken und bei mittlerer Hitze von jeder Seite etwa 3 - 4 Minuten braten.

Auf Küchenpapier abtropfen lassen.

Apfel-Möhren-Bratling

Zutaten:
- 2 Äpfel
- 2 Möhren
- 2 Eier
- 3 EL Mehl
- 1 EL Ahornsirup
- 2 - 3 EL Olivenöl
- 1 - 2 Prisen Salz
- 1 - 2 Prisen Pfeffer

Zubereitung:
Äpfel und Möhren schälen und fein raspeln.

Eier, Mehl und Ahornsirup vermengen und mit Salz sowie Pfeffer würzen. Dann die Apfel- und Möhrenraspel unterheben.

Olivenöl in einer Pfanne erhitzen. Mit einem Esslöffel Häufchen in die Pfanne geben, diese etwas platt drücken und bei mittlerer Hitze von jeder Seite etwa 4 - 5 Minuten braten.

Auf Küchenpapier abtropfen lassen.

Nudel-Gemüse-Puffer

Zutaten:
- 125 g Spaghetti
- 1 rote Zwiebel
- 1 Möhre
- 1 Zucchini
- 3 Eier
- 1 EL Tomatenmark
- 2 EL Mehl
- 6 EL Olivenöl
- 1 - 2 Prisen Salz
- 2 - 3 Prisen bunter Pfeffer

Zubereitung:
Spaghetti nach Packungsangabe zubereiten. Dann in einem Sieb abtropfen lassen.

Zwiebel schälen und fein hacken.

Möhre schälen und reiben.

Zucchini waschen, die Enden abschneiden und dann das Fruchtfleisch raspeln.

Spaghetti, Möhren, Zucchini und Zwiebelwürfel vermischen.

Eier, Tomatenmark und Mehl unterheben. Mit Salz und Pfeffer würzen. Die Nudel-Gemüsemischung nochmals durchmengen.

Aus der Masse etwas dickere Puffer formen. Olivenöl in einer Pfanne erhitzen und die Puffer darin bei mittlerer Hitze von jeder Seite etwa 2 - 3 Minuten anbraten. Zwischendurch wenden.

Auf Küchenpapier abtropfen lassen.

Nudel-Zucchini-Omelette

Zutaten:

- 100 g Makkaroni
- 1 kleine Zucchini
- 1 Zwiebel
- 2 Eier
- 50 ml flüssige Sahne
- 2 EL Sonnenblumenöl
- 1 - 2 Prisen gemahlene Muskatnuss
- 1 - 2 Prisen Kräutersalz
- 1 - 2 Prisen Pfeffer

Zubereitung:

Makkaroni nach Packungsangaben zubereiten. Dann in einem Sieb abtropfen lassen.

Zucchini waschen, die Enden abschneiden und dann das Fruchtfleisch in kleine Würfel schneiden.

Zwiebel schälen und fein hacken.

Sonnenblumenöl in einer Pfanne erhitzen und Zwiebeln darin anschwitzen. Nudeln und Zucchini zufügen und kurz mit anbraten.

Eier und Sahne verrühren, mit Muskatnuss, Kräutersalz sowie Pfeffer würzen und über die Nudeln geben.

Bei schwacher Hitze mit geschlossenem Deckel etwa 5 Minuten stocken lassen. Omelette wenden und das Ei auf der anderen Seite ebenfalls richtig stocken lassen.

Möhren-Pommes

Zutaten:
- 3 Möhren
- 3 EL Olivenöl
- 3 EL flüssiger Honig
- 1 - 2 Prisen Salz
- 2 - 3 Prisen Pfeffer

Zubereitung:
Möhren schälen und in Stifte schneiden, sodass sie wie Pommes aussehen.

Olivenöl, Honig, Salz und Pfeffer verrühren. Nun die Möhren mit der Marinade vermengen und zugedeckt etwa 20 Minuten durchziehen lassen.

Möhren auf ein mit Backpapier ausgelegtes Backblech geben. Im vorgeheizten Backofen bei 180 Grad etwa 30 Minuten backen, bis sie schön knusprig sind. Hin und wieder wenden.

Die Backzeit kann je nach Ofentyp etwas variieren.

Wraps

Zutaten:
- 1 rote Paprika
- 2 EL Mais
- 4 Salatblätter
- 2 Wraps
- 4 EL Tomatenmark
- 4 Scheiben gekochter Schinken (für Vegetarier: Veganer Schinken Spicker Mortadella)
- 2 EL geriebener Käse

Zubereitung:

Paprika schälen, halbieren, Kerngehäuse entfernen und das Fruchtfleisch in schmale Streifen schneiden.

Mais in einem Sieb abtropfen lassen.

Jeden Wrap von einer Seite dünn mit Tomatenmark bestreichen und mit Schinken oder Veganer Schinken Spicker Mortadella belegen. Nun Salatblätter, Paprika, Käse und Mais darauf verteilen.

Die Wraps fest zusammenrollen.

Kohlrabi-Tomaten-Salat

Zutaten für den Salat:
- 250 g Kohlrabi
- 2 rote Tomaten
- 2 gelbe Tomaten
- 1 Zwiebel
- 2 EL frisch gehackte Schnittlauchröllchen

Zutaten für das Dressing:
- 100 g Joghurt
- 2 EL Sonnenblumenöl
- ½ TL Zucker
- 1 Prise Salz
- 2 - 3 Prisen Pfeffer

Zubereitung:
Kohlrabi schälen und grob raspeln.

Tomaten waschen, halbieren, Kerne entfernen und das Fruchtfleisch in Stücke schneiden.

Zwiebel schälen und klein hacken.

Zutaten für das Dressing verrühren.

Nun alles zusammen in einer Schüssel vermengen und zugedeckt etwa 30 Minuten durchziehen lassen.

Nektarinen-Salat

Zutaten für den Salat:
- ½ Lollo Rosso
- 1 Römersalat
- ½ Radicchio
- 1 kleine Schlangengurke
- 1 gelbe Paprika
- 1 rote Zwiebel
- 3 Nektarinen

Zutaten für das Dressing:
- 1 TL Sesamsamen
- ½ TL mittelscharfer Senf
- 2 EL Balsamicoessig
- ½ TL Zucker
- 3 EL Olivenöl
- 1 - 2 Prisen Salz
- 2 - 3 Pfeffer

Zubereitung:
Lollo Rosso, Römersalat sowie Radicchio waschen und in mundgerechte Stücke zupfen.

Schlangengurke schälen, die Kerne entfernen und das Fruchtfleisch in Scheiben schneiden.

Paprika schälen, halbieren, Kerngehäuse entfernen und das Fruchtfleisch in Streifen schneiden.

Zwiebel schälen und in dünne Ringe schneiden.

Nektarinen waschen, halbieren, Kerne entfernen und das Fruchtfleisch in Würfel schneiden.

Zutaten für das Dressing verrühren.

Nun alles zusammen in einer Schüssel vermengen.

Nudel-Salat

Zutaten für den Salat:
- 150 g Nudeln
- 50 g Mandarinen (Dose)
- 1 Apfel
- 1 EL Zitronensaft

Zutaten für das Dressing:
- 150 g Joghurt
- 50 g saure Sahne
- 2 EL Mandarinensaft
- 1 - 2 Prisen Pfeffer

Zubereitung:
Nudeln nach Packungsangabe zubereiten. Dann in einem Sieb abtropfen lassen.

Mandarinen in einem Sieb abtropfen lassen, dabei 2 EL Saft auffangen.

Apfel schälen, vierteln und das Kerngehäuse entfernen. Dann das Fruchtfleisch in Würfel schneiden und direkt mit Zitronensaft beträufeln.

Zutaten für das Dressing verrühren.

Nun alles zusammen in einer Schüssel vermengen und zugedeckt etwa 15 Minuten durchziehen lassen.

Möhren-Suppe

Zutaten:
- 200 g Möhren
- 1 Zwiebel
- 150 ml Kokosmilch (Dose)
- 4 EL Schmand
- ½ EL flüssiger Honig
- 150 ml Gemüsebrühe
- 1 EL Olivenöl
- 1 TL Currypulver
- ½ TL Salz
- 1 - 2 Prisen schwarzer Pfeffer

Zubereitung:
Möhren schälen und in Stücke schneiden.

Zwiebel schälen und fein hacken.

Olivenöl in einem Topf erhitzen. Möhren und Zwiebel zufügen, mit Currypulver bestäuben und anschwitzen.

Gemüsebrühe zufügen, aufkochen und so lange köcheln lassen, bis die Möhren weich sind. Dann mit dem Pürierstab pürieren.

Kokosmilch, Honig sowie Schmand unterheben und weitere 5 Minuten köcheln lassen. Mit Salz und Pfeffer würzen.

Pizza-Suppe

Zutaten:
- 200 g Gehacktes (für Vegetarier: 200 g Veggie-Hack)
- 1 Zwiebel
- 1 rote Paprika
- 100 g Mais (Dose)
- 1 EL Tomatenmark
- 250 g passierte Tomaten
- 100 g Schmelzkäse
- 2 EL Crème fraîche
- 200 ml Gemüsebrühe
- 2 EL Sonnenblumenöl
- 1 TL Pizzagewürz
- 1 - 2 Prisen Salz
- 1 - 2 Prisen Pfeffer

Zubereitung:
Zwiebel schälen und in Würfel schneiden.

Paprika schälen, halbieren, Kerngehäuse entfernen und das Fruchtfleisch in mundgerechte Stücke schneiden.

Mais in einem Sieb abtropfen lassen.

Sonnenblumenöl in einem Topf erhitzen und das Gehackte darin zusammen mit Zwiebeln und Tomatenmark anbraten.

Gemüsebrühe, passierte Tomaten, Paprika sowie Mais zufügen und aufkochen. Schmelzkäse unterheben und alles unter Rühren so lange köcheln lassen, bis sich der Käse aufgelöst hat.

Crème fraîche unterheben, mit Pizzagewürz, Salz sowie Pfeffer würzen und bei schwacher Hitze noch 5 Minuten köcheln lassen.

Kartoffel-Suppe

Zutaten:

- 300 g Kartoffeln
- 2 Möhren
- 1 Pastinake
- 1 Stange Lauch
- 4 Bockwürstchen (für Vegetarier: 4 Vegetarische Würstchen nach Wiener Art)
- 2 EL Butter
- 100 ml flüssige Sahne
- 300 ml Gemüsebrühe
- 1 - 2 Prisen gemahlene Muskatnuss
- 1 - 2 Prisen Salz
- 2 - 3 Prisen Pfeffer

Zubereitung:

Kartoffeln, Möhren und Pastinake schälen und in Würfel schneiden.

Lauch putzen und in Ringe schneiden.

Würstchen in Scheiben schneiden.

Butter in einem Topf erhitzen und Kartoffeln, Möhren, Pastinake und Lauch darin 5 Minuten anschwitzen.

Gemüsebrühe zufügen, aufkochen und bei schwacher Hitze 15 Minuten köcheln lassen.

Sahne und Würstchen zufügen, mit Muskatnuss, Salz sowie Pfeffer würzen und weitere 5 Minuten köcheln lassen.

Käse-Suppe

Zutaten:
- 200 g Gehacktes (für Vegetarier: 200 g Veggie-Hack)
- 1 Stange Lauch
- 200 g Sahne-Schmelzkäse
- 2 EL Butter
- 200 ml Sojasahne
- 200 ml Gemüsebrühe
- ½ TL Paprikapulver (scharf)
- 1 - 2 Prisen Kräutersalz
- 2 - 3 Prisen Pfeffer

Zubereitung:
Lauch putzen und in Ringe schneiden.

Butter in einer Pfanne erhitzen und das Gehacktes darin zusammen mit dem Paprikapulver anbraten.

Gemüsebrühe, Sojasahne, Lauch und Gehacktes mit Bratsud in einen Topf geben und aufkochen.

Schmelzkäse zufügen, mit Kräutersalz sowie Pfeffer würzen und solange köcheln lassen, bis sich der Käse aufgelöst hat.

Kohlrabi-Kartoffel-Eintopf

Zutaten:

- 2 Kohlrabi
- 200 g Kartoffeln
- 2 Möhren
- 2 EL frisch gehackte Petersilie
- 1 EL Zitronensaft
- 2 EL Butter
- 1 EL Mehl
- 2 EL Wasser
- 300 ml Gemüsebrühe
- 100 ml flüssige Sahne
- 1 - 2 Prisen Salz
- 2 - 3 Prisen Pfeffer

Zubereitung:

Kohlrabi, Kartoffeln sowie Möhren schälen und in Würfel schneiden.

Butter in einem Topf erhitzen und Kohlrabi, Kartoffeln und Möhren darin 5 Minuten anschwitzen.

Gemüsebrühe zufügen, aufkochen und alles bei schwacher Hitze 15 Minuten köcheln lassen.

Mehl mit 2 EL Wasser verrühren. Sahne, Zitronensaft und das mit Wasser verrührte Mehl unterheben. Mit Salz sowie Pfeffer würzen und weitere 5 Minuten köcheln lassen.

Kohlrabi-Eintopf auf Teller füllen und mit Petersilie bestreuen.

Jetzt machen wir erst mal eine Pause vom Kochen, damit Du Dich etwas erholen kannst.
Viel Spaß mit der folgenden Geschichte!

Der maskierte Pfannkuchen

Felix hatte mal wieder Blödsinn gemacht. Die Mutter bestrafte ihn damit, am nächsten Samstag für die Eltern kochen zu müssen. Sie wollten an diesem Tag einen Krankenbesuch machen. So hatte Felix alle Zeit der Welt etwas zu köcheln, ohne gestört zu werden. Wenn die Eltern dann zurückkamen, wollten sie ihren Bauch mit Sohnemanns Essen füllen.

Es muss erwähnt werden, dass Felix überhaupt kein Interesse daran hatte, seiner Mutter in der Küche mal zur Hand zu gehen, geschweige denn zu kochen. Sicher, den Bauch vollschlagen fand auch er gut, aber helfen, das kam für ihn überhaupt nicht infrage. Als er dann vor die Wahl gestellt wurde, sein geliebtes Handy abzugeben oder für die Eltern etwas Essbares zuzubereiten, war die Entscheidung nicht schwer. Eine Woche hatte Felix nun Zeit, sich etwas Schmackhaftes einfallen zu lassen.

»Na gut, wenn ich schon kochen muss, soll es auch ein Gericht sein, womit meine Eltern in ihren kühnsten Träumen nicht rechnen. Selber schuld, wenn man mich zum Kochen verdonnert.« Felix grübelte und grübelte und hatte dann eine brillante Idee. »Es gibt maskierten Pfannkuchen!«

Zwei Tage später berichtet er seiner Mutter, dass es am Wochenende maskierten Pfannkuchen geben würde.

Die Mutter schaute ihren Sohn verwundert an. »Maskierter Pfannkuchen, was soll das denn sein? Bist du dir sicher, dass man das essen kann?«

»Klar, wartet nur ab. Das ist richtig lecker.«

Die Mutter runzelte die Stirn und anhand ihres Gesichtsausdruckes konnte man gut erkennen, dass sie das nicht glaubte.

Es war Samstag. Die Mutter hatte bis dahin versucht, Felix zu entlocken, was er kochen will, aber vergeblich. Da nutzten auch keine Fangfragen oder Tricks. Felix blieb eisern und amüsierte sich köstlich darüber, dass die Mutter nicht wusste, was es geben würde und es auch nicht schaffte, ihm etwas zu entlocken.

Bevor die Eltern losfuhren, drückte die Mutter ihm Geld zum Einkaufen in die Hand. Etwas unwohl war ihr schon, ihrem Sohn ohne Aufsicht die Küche zu überlassen. »Ich möchte meine Küche nachher wiedererkennen«, sagte sie streng. »Und nicht, dass du das Haus abfackelst.«

»Mach dir keine Sorgen. Ihr werdet staunen, wenn ihr wieder zu Hause seid.«

»Das glaube ich leider auch«, erwiderte die Mutter. Felix wurde sofort klar, dass sie damit nicht das Essen meinte, sondern nur Angst hatte, ihre geliebte Kochstube als ein Schlachtfeld vorzufinden. Ihr war nicht wohl dabei, sie Felix unbeaufsichtigt zu geben, aber schließlich war sie es, die diese Strafe verhängt hatte.

»Wird schon schiefgehen. Mach dir keine Sorgen. Felix ist doch kein kleines Kind mehr«, brachte sich der Vater ein. Aber auch das schien die Mutter nicht zu beruhigen. Behutsam schob er seine Frau aus der Tür. »Ich verlass mich auf dich, Großer«, sagte er zu Felix. Dieser zwinkerte seinem Vater mit einem frechen Grinsen zu und winkte noch zum Abschied.

Als das Auto der Eltern nicht mehr zu sehen war, machte sich Felix in Windeseile auf zum nahegelegenen Supermarkt, um alles für seinen maskierten Pfannkuchen zu besorgen. Wieder zu Hause angekommen legte er alles auf den Tisch und begutachtete seinen Einkauf. »Womit fange ich nur an?« Erst einmal wurde das Radio angeschaltet. Felix war ein Musikfan und redete sich ein, dass er nur den richtigen Rhythmus brauchte, um sein Vorhaben in die Tat umzusetzen.

Er suchte alle Utensilien für die Zubereitung zusammen und fing an wie wild zu schnippeln. Hier und da fiel etwas auf den Boden, was der Familienhund dankbar annahm.

Felix schaute ihn an und sagte: »Danke, dass du mir hilfst. Da brauche ich wenigstens nicht zu wischen, wenn du alles Heruntergefallene auffutterst.«

Der Hund schaute ihn an, wedelte mit dem Schwanz und gab ein leises »Wuff« von sich.

Der Junge schaute immer wieder auf die Uhr. Die Eltern hatten ihm gesagt, wann sie zurück sein wollten. Er lag gut in der Zeit. Nachdem alles fertig war, schob er sein Mahl in den Backofen und war mächtig stolz auf sich. Etwas Zeit hatte er noch. So spülte er die Küchenutensilien noch weg und räumte die Gerätschaften wieder in den Schrank, auch wenn er nicht so genau wusste, wo alles hingehörte. Aber das war ihm völlig egal. Hauptsache die Sachen waren wieder sauber und verstaut. Mutter wird sie schon wiederfinden, wenn sie sie braucht.

Schnell wurde noch der Tisch gedeckt. Schweißperlen standen Felix auf der Stirn, aber es war geschafft. Er hätte nie gedacht, dass Küchenarbeit so anstrengend sein kann. Und dann hörte Felix auch schon den Wagen seiner Eltern vorfahren. Schnell lief er zur Tür und empfing sie winkend.

»Das Haus steht noch«, rief er seiner Mutter lachend entgegen und diese musste ebenfalls grinsen.

Als die Eltern das Haus betraten, wehte ihnen schon ein angenehmer Duft entgegen. Felix führte sie direkt an den gedeckten Tisch im Esszimmer. Er hatte sogar kleine Speisekarten gebastelt, auf denen der maskierte Pfannkuchen angekündigt wurde. Allerdings fehlte den Eltern jegliche Fantasie, dieses Bild zu entziffern.

»Gut riecht es ja«, lobte die Mutter ihren Sohn.

»Warte erst mal ab, wie es schmeckt.« Felix verschwand in der Küche. Man hörte es nur noch klappern. Die Mutter machte sich schon wieder Sorgen. Dann schepperte es auch noch laut.

Sie wollte gerade in die Küche eilen, als ihr Sohn mit einem vollen Teller vor ihr stand. Hier das ist für dich. Ich hole schnell die zwei anderen Teller.

»Aber das ist doch Pizza!«, sagte die Mutter verwundert.

»Das stimmt. In einer Zeitung habe ich gelesen, dass man beim Kochen kreativ sein soll. Also habe ich mir einfach Gedanken gemacht, wie ich die Pizza umbenennen kann. Du musst zugeben, sie ist rund wie ein Pfannkuchen. Außerdem war es so schön mitanzusehen, dass ihr nicht wusstet, was auf euch zukommt«, sagte Felix schelmisch.

»Na, dann wollen wir deinen maskierten Pfannkuchen mal probieren«, meldet sich der Vater zu Wort.

Gespannt schaute Felix seine Eltern an und wartete auf eine Reaktion.

»Das ist aber lecker«, gaben die Eltern wie im Chor von sich. »Gut gemacht!«

Felix Brust schwoll vor lauter Stolz an, als er das hörte.

»Ich denke, wir lassen unseren Sohn jetzt immer für uns kochen«, sagte die Mutter und sah Felix dabei direkt in die Augen.

Dieser schaute sie erschrocken an. »Was?«, rief er entsetzt. »Das ist doch wohl ein schlechter Scherz.«

Die Mutter musste lachen. »Na ja, wenigstens weißt du jetzt, wie viel Arbeit es ist, alleine alles zuzubereiten. Ich mache dir einen Vorschlag. Was hältst du davon, wenn du mir hin und wieder hilfst?«

»Okay, das ist eine gute Idee. Irgendwie hat es ja sogar Spaß gemacht. Aber ich darf dann aussuchen, was gekocht wird.« Und im selben Moment arbeitet es bereits in Felix Kopf, welchen anderen ausgefallenen Namen man Gerichten geben kann, damit nicht jeder gleich weiß, was es Gutes gibt. Schließlich sagt ein Sprichwort: Die Königin der Kochrezepte ist die Fantasie.

Weiter geht es mit dem Kochvergnügen. Also ran an die Töpfe, fertig und los!

Möhren-Spaghetti

Zutaten:
- 150 g Spaghetti (Nudeln)
- 2 dicke Möhren
- 50 g geriebener Gouda
- 3 EL Frischkäse
- 100 ml flüssige Sahne
- 1 - 2 EL Sonnenblumenöl
- 1 - 2 Prisen Salz
- 2 - 3 Prisen Pfeffer

Zubereitung:
Spaghetti nach Packungsangabe zubereiten. Dann in einem Sieb abtropfen lassen.

Möhren schälen und mit dem Sparschäler in sehr dünne Streifen schneiden.

Sonnenblumenöl in einem Topf erhitzen, Möhren zufügen und darin anschwitzen.

Sahne sowie Frischkäse zufügen, aufkochen und bei schwacher Hitze etwa 10 Minuten köcheln lassen.

Spaghetti zufügen, mit Salz sowie Pfeffer würzen und noch etwa 5 Minuten ziehen lassen.

Möhren-Spaghetti auf Tellern anrichten und mit Gouda bestreuen.

Bunte Hörnchennudeln

Zutaten:
- 150 g Hörnchennudeln
- 1 kleine Zucchini
- 1 orangene Paprika
- 4 Bockwürstchen (für Vegetarier: 4 Vegetarische Würstchen nach Wiener Art)
- 300 g stückige Tomaten (Dose)
- 2 EL Tomatenmark
- 2 EL Rapsöl
- 1 - 2 Prisen Paprikapulver (edelsüß)
- 1 - 2 Prisen Salz
- 1 - 2 Prisen Pfeffer

Zubereitung:
Hörnchennudeln nach Packungsangabe zubereiten. Dann in einem Sieb abtropfen lassen.

Zucchini waschen, die Enden abschneiden und dann das Fruchtfleisch in Würfel schneiden.

Paprika schälen, halbieren, Kerngehäuse entfernen und das Fruchtfleisch in mundgerechte Stücke schneiden.

Würstchen in dünne Scheiben schneiden.

Rapsöl in einem Topf erhitzen und Zucchini, Paprika und Würstchen darin zusammen mit dem Tomatenmark anschwitzen.

Stückige Tomaten mit Flüssigkeit zufügen, aufkochen und bei schwacher Hitze etwa 5 Minuten köcheln lassen.

Nudeln unterheben, mit Paprikapulver, Salz sowie Pfeffer würzen und weitere 5 Minuten köcheln lassen.

Konfetti

Zutaten:
- 150 g Couscous
- 1 rote Paprika
- 1 grüne Paprika
- 1 gelbe Paprika
- 50 g Fetakäse
- 1 - 2 Prisen Salz
- 1 - 2 Prisen Pfeffer

Zubereitung:
Couscous nach Packungsangabe zubereiten.

Paprika schälen, halbieren, Kerngehäuse entfernen und das Fruchtfleisch in kleine Würfel schneiden.

Fetakäse ebenfalls in kleine Würfel schneiden.

Paprika- und Fetawürfel mit dem Couscous vermengen und mit Salz sowie Pfeffer würzen.

Fussili-Fleischwurst-Pfanne

Zutaten:
- 200 g Fusilli (Nudeln)
- 1 Zwiebel
- 2 EL frische Schnittlauchröllchen
- 120 g Fleischwurst (für Vegetarier: 120 g vegetarische Fleischwurst)
- 50 g geriebener Gouda
- 3 Eier
- 2 EL Sonnenblumenöl
- 1 - 2 Prisen Salz
- 1 - 2 Prisen Pfeffer

Zubereitung:
Fusilli nach Packungsangabe zubereiten. Dann in einem Sieb abtropfen lassen.

Zwiebel schälen und in kleine Würfel schneiden.

Die Hülle der Fleischwurst entfernen und das Fleisch ebenfalls würfeln.

Eier in einem tiefen Teller aufschlagen und mit Salz sowie Pfeffer würzen.

Sonnenblumenöl in einer Pfanne erhitzen und Zwiebeln zusammen mit der Fleischwurst darin anbraten.

Nudeln und Ei zufügen, alles gut vermischen und unter gelegentlichem Wenden so lange auf mittlerer Hitze anbraten, bis das Ei vollständig gestockt ist.

Gouda darüber streuen und schmelzen lassen.

Ei-Fleischwurst-Nudeln auf Tellern verteilen und mit Schnittlauchröllchen bestreuen.

Bulgur-Pfanne

Zutaten:
- 150 g Bulgur
- 1 Möhre
- 1 Bund Frühlingszwiebeln
- 100 g Mais (Dose)
- 150 g saure Sahne
- 2 EL Rapsöl
- 1 - 2 Prisen Salz
- 2 - 3 Prisen Pfeffer

Zubereitung:
Bulgur nach Packungsangabe zubereiten.

Möhre schälen und in dünne Scheiben schneiden.

Frühlingszwiebeln putzen und in Ringe schneiden.

Mais in einem Sieb abtropfen lassen.

Rapsöl in einer Pfanne erhitzen und Frühlingszwiebeln und Möhren darin anschwitzen.

Bulgur, Mais und saure Sahne unterheben, mit Salz sowie Pfeffer würzen und alles bei schwacher Hitze 10 Minuten köcheln lassen.

Erbsen-Nudel-Pfanne

Zutaten:
- 100 g Hörnchennudeln
- 200 g TK Erbsen
- 20 g gehackte Walnüsse
- 150 ml flüssige Sahne
- 2 EL Sonnenblumenöl
- 1 - 2 Prisen Salz
- 2 - 3 Prisen Pfeffer

Zubereiten:
Hörnchennudeln nach Packungsangabe zubereiten. Dann in einem Sieb abtropfen lassen.

TK-Erbsen in einem Sieb antauen lassen.

Walnüsse ohne Zugabe von Fett in einer Pfanne anrösten.

Sonnenblumenöl in einer Pfanne erhitzen, Erbsen, Nudeln und Sahne zufügen, aufkochen und bei schwacher Hitze 5 Minuten köcheln lassen. Mit Salz und Pfeffer würzen.

Erbsen-Nudel-Pfanne auf Tellern anrichten und mit gerösteten Walnüssen bestreuen.

Hähnchen-Paprika-Pfanne

Zutaten:

- 250 g Hähnchenbrust (für Vegetarier: 200 g Tofu)
- 1 rote Paprika
- 1 gelbe Paprika
- 2 TL Tomatenmark
- 2 EL dunkle Sojasoße
- 100 ml flüssige Sahne
- 50 ml Wasser
- ½ TL Paprikapulver
- 2 - 3 Prisen Pfeffer

Zubereitung:

Hähnchenbrust waschen, trocken tupfen und in mundgerechte Stücke schneiden.

Wenn Tofu verwendet wird, diesen mit einer Gabel einige Male einstechen und dann in mundgerechte Stücke schneiden.

Paprikapulver und Sojasoße vermischen und die Hähnchenbrust oder Tofu darin etwa 15 Minuten marinieren.

Paprika schälen, halbieren, Kerngehäuse entfernen und das Fruchtfleisch in Streifen schneiden.

Eine Pfanne heiß werden lassen. Hähnchenbrust oder Tofu mit Marinade zufügen und unter Rühren anbraten. Kein Fett nehmen.

Paprika zufügen und mitdünsten.

Tomatenmark mit Wasser verrühren, zufügen und einköcheln lassen.

Sahne unterheben, mit Pfeffer würzen und noch etwas köcheln lassen.

Würstchengulasch

Zutaten:
- 300 g Bockwürstchen (für Vegetarier: 400 g Vegetarische Würstchen nach Wiener Art)
- 1 Schalotte
- 1 kleine Zucchini
- 1 Bund Frühlingszwiebeln
- 2 gelbe Paprika
- 300 g stückige Tomaten (Dose)
- 2 EL Tomatenmark
- 3 EL Sonnenblumenöl
- 1 - 2 Prisen Knoblauchsalz
- 2 - 3 Prisen bunter Pfeffer

Zubereitung:
Würstchen in Scheiben schneiden.

Schalotte fein hacken.

Frühlingszwiebeln putzen und in Ringe schneiden.

Zucchini waschen, die Enden abschneiden und dann das Fruchtfleisch in kleine Würfel schneiden.

Paprika schälen, halbieren, Kerngehäuse entfernen und das Fruchtfleisch in Würfel schneiden.

Sonnenblumenöl in einem Topf erhitzen und Schalotten darin zusammen mit dem Tomatenmark anschwitzen.

Würstchen, Frühlingszwiebeln, Zucchini sowie Paprika zufügen und kurz mit anbraten.

Stückige Tomaten mit Flüssigkeit zufügen und aufkochen. Mit Knoblauchsalz sowie Pfeffer würzen und alles bei schwacher Hitze etwa 15 Minuten köcheln lassen.

Fladenbrot-Pizza

Zutaten:
- 1 Fladenbrot
- 2 Tomaten
- 1 gelbe Paprika
- 1 grüne Paprika
- 50 g Ananasstücke (Dose)
- 100 g Camembert
- 100 g Kräuterfrischkäse
- 150 g geriebener Gouda
- 2 EL Olivenöl
- 1 TL Oregano

Zubereitung:
Tomaten waschen und in Scheiben schneiden.

Paprika schälen, halbieren, Kerngehäuse entfernen und das Fruchtfleisch in dünne Spalten schneiden.

Camembert von der Rinde befreien und den Käse dann würfeln.

Ananas in einem Sieb abtropfen lassen.

Von dem Fladenbrot einen dünnen Deckel abschneiden. Die dickere Hälfte mit Olivenöl beträufeln und mit Kräuterfrischkäse bestreichen.

Paprika, Ananas, Camembert, Oregano und Tomaten darauf verteilen. Mit Gouda bestreuen und im vorgeheizten Backofen bei 180 Grad etwa 20 - 25 Minuten überbacken.

Die Backzeit kann je nach Ofentyp etwas variieren.

Käse-Spätzle-Auflauf

Zutaten:

- 150 g Spätzle
- 150 g geriebener Käse
- 6 Zwiebeln
- 2 EL Butter
- 2 - 3 EL Olivenöl
- 2 - 3 Prisen Pfeffer

Zubereitung:

Spätzle nach Packungsangabe zubereiten. Dann in einem Sieb abtropfen lassen.

Zwiebeln schälen und in Ringe schneiden.

Olivenöl in einer Pfanne erhitzen und Zwiebeln darin andünsten.

Die Hälfte der Spätzle in einer gebutterten Auflaufform verteilen. Darauf die Hälfte der Zwiebeln geben. Nun die Hälfte des Käses darauf verteilen. Vorgang wiederholen.

Im vorgeheizten Backofen bei 180 Grad etwa 30 Minuten überbacken.

Die Backzeit kann je nach Ofentyp etwas variieren.

Tortellini-Paprika-Auflauf

Zutaten:
- 300 g frische Tortellini (Nudeln, aus dem Kühlregal)
- 250 g Paprika
- 1 Zwiebel
- 150 g Schafskäse
- 2 EL saure Sahne
- 250 g stückige Tomaten (Dose)
- 2 EL Olivenöl
- 2 EL Butter
- 1 - 2 Prisen Salz
- 2 - 3 Prisen Pfeffer

Zubereitung:
Tortellini nach Packungsangabe zubereiten.

Paprika schälen, halbieren, Kerngehäuse entfernen und das Fruchtfleisch in Würfel schneiden.

Schafskäse in Würfel schneiden.

Olivenöl in einer Pfanne erhitzen und die Zwiebel darin anschwitzen. Paprika sowie stückige Tomaten mit Flüssigkeit zufügen und aufkochen.

Tortellini sowie saure Sahne unterheben und mit Salz sowie Pfeffer würzen.

Masse in eine gebutterte Auflaufform geben. Schafskäse darauf verteilen und im vorgeheizten Backofen bei 180 Grad 20 Minuten überbacken.

Die Backzeit kann je nach Ofentyp etwas variieren.

Bunter Reis-Auflauf

Zutaten:
- 1 Beutel Reis
- 1 gelbe Paprika
- 100 g geriebener Käse
- 50 g Erbsen und Möhren (Dose)
- 50 g stückige Tomaten (Dose)
- 100 ml flüssige Sahne
- 2 EL Crème fraîche
- 2 EL flüssiger Honig
- 1 EL Butter
- 2 - 3 EL Sonnenblumenöl
- 1 - 2 Prisen Salz
- 1 - 2 Prisen Pfeffer

Zubereitung:
Reis nach Packungsangabe zubereiten.

Paprika schälen, halbieren, das Kerngehäuse entfernen und das Fruchtfleisch in Würfel schneiden.

Erbsen und Möhren in einem Sieb abtropfen lassen.

Sonnenblumenöl in einem Topf erhitzen. Paprika zufügen und darin kurz anschwitzen.

Tomaten mit Flüssigkeit, Sahne, Crème fraîche sowie Honig zufügen, aufkochen und bei schwacher Hitze etwa 5 - 10 Minuten köcheln lassen.

Reis sowie Erbsen und Möhren unterheben und mit Salz sowie Pfeffer würzen.

Alles in eine gebutterte Auflaufform geben, mit Käse bestreuen und im vorgeheizten Backofen bei 180 Grad etwa 20 - 25 Minuten überbacken.

Die Backzeit kann je nach Ofentyp etwas variieren.

Sauerkraut-Ananas-Auflauf

Zutaten:
- 200 g Sauerkraut (Dose)
- 150 g stückige Ananas (Dose)
- 100 g geriebener Emmentaler
- 100 ml flüssige Sahne
- 2 EL Butter
- 1 TL süßer Senf
- 1 - 2 Prisen Salz
- 2 - 3 Prisen Pfeffer

Zubereitung:
Sauerkraut und Ananas in einem Sieb abtropfen lassen. Dann vermengen und in einer gebutterten Auflaufform verteilen.

Sahne und Senf verrühren, mit Salz sowie Pfeffer würzen und über die Sauerkrautmischung geben.

Emmentaler darauf verteilen und im vorgeheizten Backofen bei 180 Grad etwa 30 Minuten überbacken.

Die Backzeit kann je nach Ofentyp etwas variieren.

Makkaroni-Tomaten-Auflauf

Zutaten:
- 200 g Makkaroni (Nudeln)
- 1 gelbe Paprika
- 100 g Cocktailtomaten
- 100 g Schafskäse
- 200 g saure Sahne
- 4 Eier
- 2 EL Butter
- 1 - 2 Prisen gemahlene Muskatnuss
- 1 - 2 Prisen Salz
- 1 - 2 Prisen Pfeffer

Zubereitung:
Makkaroni nach Packungsangabe zubereiten. Dann in einem Sieb abtropfen lassen.

Paprika schälen, halbieren, das Kerngehäuse entfernen und das Fruchtfleisch in dünne Spalten schneiden.

Tomaten waschen.

Schafskäse in Würfel schneiden.

Makkaroni, Paprika und die Hälfte des Schafskäses in einer gebutterten Auflaufform verteilen.

Eier mit saurer Sahne verrühren. Mit Salz, Pfeffer sowie Muskatnuss würzen und über die Nudeln geben.

Tomaten darauf verteilen und mit dem übrigen Schafskäse bestreuen.

Im vorgeheizten Backofen bei 180 Grad so lange überbacken, bis das Ei komplett gestockt ist.

Die Backzeit kann je nach Ofentyp etwas variieren.

Penne-Gehacktes-Topf

Zutaten:

- 150 g Penne (Nudeln)
- 200 g Gehacktes (für Vegetarier: 200 g Veggie-Hack)
- 1 Zwiebel
- 50 g geriebener Parmesan
- 1 EL Tomatenmark
- 100 ml Gemüsebrühe
- 50 ml flüssige Sahne
- 2 EL Rapsöl
- 1 - 2 Prisen Salz
- 2 - 3 Prisen Pfeffer

Zubereitung:

Penne nach Packungsangaben zubereiten. Dann in einem Sieb abtropfen lassen.

Zwiebel schälen und fein hacken.

Rapsöl in einer Pfanne erhitzen und Zwiebel darin zusammen mit dem Gehacktes und Tomatenmark anbraten.

Penne unterheben und mit Salz sowie Pfeffer würzen.

Gemüsebrühe und Sahne zufügen, aufkochen und bei schwacher Hitze etwa 10 Minuten köcheln lassen.

Nudeln auf Teller anrichten und mit Parmesan bestreuen.

Käse-Gemüse-Reis

Zutaten:
- 150 g Reis
- 1 rote Zwiebel
- 1 Knoblauchzehe
- 100 g Mais (Dose)
- 1 rote Paprika
- 1 grüne Paprika
- 100 g Fleischwurst (für Vegetarier: 100 g vegetarische Fleischwurst)
- 100 g geriebener Bergkäse
- 2 EL Olivenöl
- ½ TL Paprikapulver (edelsüß)
- 1 - 2 Prisen Salz
- 1 - 2 Prisen Pfeffer

Zubereitung:
Reis nach Packungsangabe zubereiten.

Zwiebel und Knoblauchzehe schälen und fein würfeln.

Mais in einem Sieb abtropfen lassen.

Paprika schälen, halbieren, Kerngehäuse entfernen und das Fruchtfleisch in dünne Spalten schneiden.

Die Hülle der Fleischwurst entfernen und das Fleisch in Würfel schneiden.

Olivenöl in einer Pfanne erhitzen und Zwiebel, Knoblauch, Paprika, Mais sowie Fleischwurst darin anbraten.

Reis und Käse unterheben. Mit Paprikapulver, Salz sowie Pfeffer würzen und so lange köcheln lassen, bis der Käse geschmolzen ist.

Kartoffel-Pfanne

Zubereitung:

- 300 g festkochende Kartoffeln
- 1 Bund Frühlingszwiebeln
- 2 EL frische Schnittlauchröllchen
- 100 g Schinkenwürfel (für Vegetarier: 100 g vegetarische Schinkenwürfel)
- 3 Eier
- 2 EL flüssige Sahne
- 2 EL Olivenöl
- 1 - 2 Prisen Salz
- 2 - 3 Prisen Pfeffer

Zubereitung:

Kartoffeln in einen Topf geben und mit kaltem Wasser auffüllen, bis sie gerade bedeckt sind. Wasser zum Kochen bringen, und die Kartoffeln darin etwa 20 Minuten kochen. Nun ausdampfen lassen, pellen und in Scheiben schneiden.

Frühlingszwiebeln putzen und in Ringe schneiden.

Eier und Sahne verquirlen und mit Salz sowie Pfeffer würzen.

Olivenöl in einer Pfanne erhitzen und die Schinkenwürfel darin anbraten. Kartoffeln und Frühlingszwiebeln zufügen und unter regelmäßigem Wenden weiter braten, bis die Kartoffeln goldbraun sind.

Eimasse zugeben und das Ei unter regelmäßigem Rühren stocken lassen.

Kartoffeln auf Tellern verteilen und mit Schnittlauchröllchen bestreuen.

Erdbeeren

Ich habe Dir ja erzählt, dass ich eine große Schwäche für Erdbeeren habe. Deshalb verrate ich Dir mal etwas über dieses tolle Obst - natürlich findest Du in diesem Buch auch Rezepte mit dieser roten Köstlichkeit.

Viele bezeichnen die leckere Frucht als Geschenk des Himmels. Wer sie sieht, schmeckt oder riecht, kann nicht anders, als sie zu verspeisen.

Allerdings hat die Erdbeere weit mehr als guten Geschmack zu bieten. Sie besitzt sehr viel Vitamin C, Kalium, etwas Folsäure, Vitamin B6 und Magnesium. Erdbeeren wirken tonisierend, harntreibend sowie blutreinigend und gleichen den Mineralstoffhaushalt aus.

Durch ihren relativ hohen Eisen- und Kaliumanteil ist die Erdbeere förderlich bei Blutarmut und Nierentätigkeit. Ebenso ist sie entzündungshemmend und kann helfen, Herz-Kreislauf-Erkrankungen vorzubeugen. Wegen ihres niedrigen Kaloriengehalts ist die rote Köstlichkeit ideal für Schlankheitskuren.

Auch in der Kunst wird die Erdbeere oft verwendet. Wie zum Beispiel: „Ich bin so wild nach deinem Erdbeermund" oder auch „Der Erdbeermund" ist ein Name für das von Paul Zech um 1930 verfasste Gedicht. Die Beatles sangen über Strawberry Fields und auf Gemälden findet man sie immer wieder. Aber auch in der heutigen Zeit ist die Erdbeere nach wie vor sehr beliebt, denkt man an Emily Erdbeer oder die vielen Erdbeermotive auf Kleidung und Porzellan.

Allerdings gibt es neben der uns bekannten Erdbeere noch die Wald-Erdbeere. Diese Frucht ist ein Vorfahre der kultivierten großfruchtigen Erdbeere, jedoch kleiner. Sie wächst an Waldrändern. Diese Früchte werden in der Volksheilkunde bei

Leber- und Gallenleiden, Herzbeschwerden, Blutarmut, als allgemeines Stärkungsmittel und bei Bronchitis angewandt.

Da fällt mir gerade ein, mir ist schon so einiges in Bezug zu Erdbeeren passiert. Da hat dann wieder mein Bauch gesprochen und ich habe meinen Kopf ausgeschaltet. Das kannst Du übrigens alles in „Die Abenteuer des kleinen Finn – eine spannende Mäusegeschichte für die ganze Familie, ISBN: 978-3-7534-9967-3" nachlesen.

Aber ich erzähle Dir mal eine Begebenheit selbst.

Die erste Erkundungstour

»Aufstehen, du Schlafmütze! Die Erdbeeren warten!«, wurde ich freudig am nächsten Morgen von Felix geweckt, und all meine schlechte Laune vom Vortag war verschwunden.

Wir machten uns auf den Weg zum Ende des Feldes, das gar nicht so weit von der Scheune entfernt war. Auf dem Weg dorthin mussten wir einige Pfützen bezwingen, und mir wurde klar, dass Felix recht hatte.

Da das Wasser bereits im Boden versickert war, hatten wir kein Problem, diese zu durchqueren. Hätten sie noch voll gestanden, wäre es für uns unmöglich gewesen, sie zu überwinden, da wir ja beide nicht schwimmen konnten.

Vielleicht hatte ich Felix doch Unrecht getan. Ich dachte, er war zu feige, aber er hatte alles logisch durchdacht und gut überlegt.

Sicher würde es mir in Zukunft auch guttun, wenn ich nicht immer mit dem Kopf durch die Wand wollte und einmal meinen Verstand einschaltete.

Als wir unser Ziel erreicht hatten, nahm ich schon den köstlichen Duft der Erdbeeren wahr.

Ohne zu zögern lief ich zu den roten Früchten und begann zu fressen. Ich achtete gar nicht darauf, dass Felix nicht mitkam.

Als ich dann nach ihm Ausschau hielt, sah ich, dass er sich hinter einen kleinen Busch gesetzt hatte.

»Hast du keinen Hunger?«, rief ich ihm zu.

»Friss du zuerst«, antwortete er. »Einer muss ja auf Gefahren achten. Du hast dich so auf die Erdbeeren gefreut, da kann ich ruhig warten. Hier sitze ich geschützt und kann trotzdem alles gut überblicken. Genieße deine Leckerei. Ich werde dich früh genug warnen, wenn es aus irgendeinem Grund gefährlich werden sollte.«

Und so futterte und futterte ich und konnte nicht genug bekommen. Wie immer fand ich kein Ende und überfraß mich.

Erst als mein Bauch schmerzte, hörte ich damit auf. Vollgestopft und etwas träge machte ich mich auf zu Felix.

»Fertig! Ich bin so was von satt, da passt beim besten Willen nichts mehr rein. Wenn du möchtest, bist du jetzt an der Reihe. Ich passe auf.«

Wir tauschten die Plätze. Ich konnte sehen, wie Felix anfing zu fressen. Er war im Gegensatz zu mir ein echter Genießer. Er ließ sich Zeit und schlang nicht alles in sich hinein. Er hatte eben Manieren, die mir fehlten.

Ich hielt weiter die Augen auf, aber es dauerte mir zu lange. Ich wurde müde. Der volle Bauch machte mich schläfrig. Ich konnte gar nichts dagegen tun. Ich dachte an nichts mehr und schlief einfach ein. Dass ich Felix damit in große Gefahr brachte, kam mir nicht in den Sinn.

Einige Minuten später wurde ich von einem lauten Schrei geweckt. Ich zuckte zusammen, riss die Augen auf und sah gerade noch aus den Augenwinkeln, wie sich ein riesiger Vogel mit glühenden Augen und scharfem Schnabel auf Felix stürzte. Ich war sofort wieder hellwach.

»Felix, schnell, lauf weg!«, schrie ich angsterfüllt. »Schau nach oben. Du musst dich beeilen!«

Felix reagierte sofort. Ich hätte nie geglaubt, dass er so flott sein konnte.

Er machte einen Satz zur Seite und rannte in Richtung Scheune. Sein Angreifer hätte ihn fast erwischt, aber Felix schaffte es um Haaresbreite, ihm zu entkommen.

Ich konnte nur hoffen, dass der Vogel mich hinter meinem Busch nicht entdeckte. Denn dann hätte er bestimmt versucht, mich zu packen. War das knapp!

Der Vogel stieß erneut einen lauten Ruf aus. Sicher ärgerte er sich, dass er ohne Beute geblieben war.

Ich machte mich nach wie vor ganz klein und blieb in meinem Versteck sitzen. Als ich ihn nicht mehr sehen konnte, rannte auch ich zurück, und hoffte, dort meinen Freund gesund und munter anzutreffen.

Und jetzt wird weiter gekocht. An die Töpfe, fertig und los!

Kirsch-Milchreis

Zutaten:
- 150 g Milchreis
- 50 g Kirschen (Glas)
- 2 EL Honig
- 2 EL Kokosraspel

Zubereitung:
Milchreis nach Packungsangabe zubereiten.

Kirschen in einem Sieb abtropfen lassen.

Honig und Kirschen mit dem Milchreis vermengen.

Milchreis auf Tellern anrichten und mit Kokosraspel bestreuen.

Brösel-Schupfnudeln

Zutaten:
- 100 g Schupfnudeln (aus dem Kühlregal)
- 3 EL Paniermehl
- 1 EL Vanillezucker
- 2 - 3 EL Butter

Zubereitung:
Butter in einer Pfanne erhitzen und die Schupfnudeln darin nach Packungsangabe anbraten.

Paniermehl zufügen und unter regelmäßigem Wenden anrösten.

Schupfnudeln auf Tellern anrichten und mit Vanillezucker bestreuen.

Süßer Armer-Ritter

Zutaten:
- 2 Scheiben Toastbrot
- 2 Eier
- 50 ml Milch
- 2 - 3 EL Butter
- 2 EL Vanillezucker
- 2 EL Zimt
- 1 Prise Salz

Zubereitung:
Eier in einem tiefen Teller mit Milch und Salz verrühren. Toastbrot darin einweichen, bis es komplett vollgesogen ist.

Vanillezucker und Zimt mischen.

Butter in einer Pfanne erhitzen. Toastbrot zufügen und von beiden Seiten darin knusprig backen.

Toastbrotscheiben auf Tellern anrichten und mit Vanillezucker-Zimt-Mischung bestreuen.

Vanille-Puffer

Zutaten:
- 200 ml Milch
- 300 ml Vanillemilch
- 3 Eier
- 250 g Mehl
- 1 Prise Salz
- 1 Päckchen Backpulver
- 4 EL Sonnenblumenöl
- 200 g Puderzucker

Zubereitung:
Alle Zutaten außer dem Sonnenblumenöl und Puderzucker zu einem glatten Teig rühren. Diesen 30 Minuten quellen lassen.

Sonnenblumenöl in einer Pfanne erhitzen, 1 EL Teig hineingeben und goldbraun ausbacken. Nacheinander die Puffer backen, bis der Teig aufgebraucht ist.

Zum Verzehr mit Puderzucker bestreuen.

Apfel-Pfannkuchen

Zutaten:
- 2 Äpfel
- 200 g Weizenmehl
- 1 Prise Salz
- 1 Tütchen Vanillezucker
- 4 Eier
- 300 ml Milch
- 3 EL brauner Zucker
- 2 EL Butter

Zubereitung:
Mehl, Salz, Vanillezucker, Eier und Milch zu einem Teig verrühren. Diesen etwa 15 Minuten bei Zimmertemperatur ruhen lassen.

Äpfel schälen, halbieren, Kerngehäuse entfernen und das Fruchtfleisch in kleine Würfel schneiden. Diese dann unter den Teig heben.

Butter in einer Pfanne erhitzen, Teig zufügen und nacheinander Pfannkuchen darin backen.

Pfannkuchen auf Teller anrichten und mit braunem Zucker bestreuen.

Zimt-Waffeln

Zutaten:
- 125 g Butter
- 50 g Zucker
- 1 Prise Salz
- 4 Eier
- 250 g Weizenmehl
- 1 TL Backpulver
- 250 ml Buttermilch
- 1 EL Zimt

Zubereitung:
Butter, Zucker, Salz und Eier schaumig rühren.

Mehl, Backpulver und Zimt mischen und zu der Eimasse geben. Nun die Buttermilch zufügen und zu einem Teig verrühren.

Die Waffeln nach und nach in einem heißen, gefetteten Waffeleisen goldbraun backen.

Vor dem Verzehr etwas abkühlen lassen.

Schoko-Erdbeeren

Zutaten:
- 500 g Erdbeeren
- 300 g Schokolade
- 150 g Kokosflocken
- Zahnstocher

Zubereitung:
Erdbeeren putzen, waschen und trocken tupfen.

Schokolade in einem Topf schmelzen.

In jede Erdbeere einen Zahnstocher stechen und diese dann in die Schokolade tauchen. Zum Schluss mit Kokosflocken bestreuen.

Vor dem Verzehr abkühlen lassen.

Honig-Schoko-Rollen

Zutaten:
- 250 g Weizenmehl
- 4 Eier
- 1 EL Kakaopulver
- 2 EL flüssiger Honig
- 500 ml Milch
- 1 Prise Salz
- 2 - 3 EL Sonnenblumenöl

Zubereitung:
Mehl, Eier, Salz, Kakaopulver und Milch zu einem dünnflüssigen Teig verrühren.

Sonnenblumenöl in einer Pfanne erhitzen und darin nacheinander dünne Pfannkuchen ausbacken.

Auf Küchenpapier abtropfen lassen.

Pfannkuchen mit Honig bestreichen und zusammenrollen.

Müsli-Bällchen

Zutaten:
- 50 g Fruchtmüsli
- 50 g Quark
- 2 EL Honig
- 2 - 3 EL gemahlene Nüsse

Zubereitung:
Müsli, Quark sowie Honig vermengen.

Aus der Masse kleine Bällchen formen und diese in den gemahlenen Nüssen wälzen.

Bananen-Knusper-Quark

Zutaten:
- 125 g Quark
- 80 g Joghurt
- 2 EL flüssiger Honig
- 2 Bananen
- 1 TL Sonnenblumenkerne
- 1 TL Kokosflocken
- 1 TL Haferflocken (Kernige)
- 1 TL gehackte Mandeln

Zubereitung:
Quark, Joghurt und Honig verrühren.

Bananen schälen, mit einer Gabel zerdrücken und unter den Quark heben.

Sonnenblumenkerne, Kokosflocken, Haferflocken und Mandeln ohne Zugabe von Fett anrösten, abkühlen lassen und dann mit dem Bananenquark vermischen.

Apfel-Zimt-Quark

Zutaten:
- 1 großer Apfel
- 100 g Quark
- 1 EL Milch
- 2 EL Honig
- 1 TL Zitronensaft
- 1 TL Zimt

Zubereitung:
Apfel schälen und fein reiben.

Die anderen Zutaten, außer Zimt, verrühren. Sollte der Quark zu wässrig sein, durch ein Sieb streichen.

Apfel unter den Quark mischen, in Schälchen füllen und mit Zimt bestreuen.

Joghurt-Erdbeer-Dessert im Glas

Zutaten:
- 150 g Erdbeeren
- 250 g Joghurt
- 1 Tütchen Vanillezucker
- 200 g Schoko Granola

Zubereitung:
Erdbeeren, putzen, waschen und in Stücke schneiden.

Joghurt mit Vanillezucker verrühren.

Schoko Granola auf dem Boden der Gläser verteilen.

Die Hälfte des Joghurts darauf verteilen.

Nun die Erdbeeren darauf geben.

Das Dessert mit dem restlichen Joghurt abschließen.

Bananen-Vanille-Dessert

Zutaten:
- 8 Bananen
- 6 EL Kakaopulver
- 150 ml Vanillemilch
- 1 EL weiße Raspel-Schokolade

Zubereitung:
Bananen schälen, in Stücke schneiden und dann zusammen mit der Vanillemilch und Kakaopulver zu einer cremigen Masse mixen. (Sollte die Masse zu fest sein, noch etwas Milch zufügen.)

Masse in Dessertschälchen füllen und mit Raspel-Schokolade bestreuen.

Himbeer-Quark-Dessert

Zutaten:
- 300 g Himbeeren
- 250 g Magerquark
- 50 ml Milch
- 2 EL Agavendicksaft
- 1 EL Limettensaft
- 50 g gehackte Nüsse

Zubereitung:
Himbeeren waschen. Dann pürieren.

Magerquark, Milch, Agavendicksaft und Limettensaft verrühren. Nun die gehackten Nüsse unterheben.

Quarkmasse in Dessertschälchen füllen und das Himbeermus darauf verteilen.

Erdbeermilch

Zutaten:
- 250 g Erdbeeren
- 500 ml kalte Milch
- 2 EL Limettensaft
- 1 EL Vanillezucker

Zubereitung:
Erdbeeren waschen, putzen, pürieren und dann mit Milch, Limettensaft und Vanillezucker verrühren. Kalt genießen.

Apfelchips

Zutaten:
- 4 Äpfel
- 4 TL Zimt

Zubereitung:
Äpfel waschen und in etwa 1 cm dicke Scheiben hobeln. Die Apfelspalten auf ein mit Backpapier belegtes Backblech legen und mit Zimt bestreuen.

Im vorgeheizten Backofen bei 120 Grad 60 Minuten trocknen lassen. Dann die Apfelscheiben wenden und weiter 30 Minuten im Ofen lassen.

Die Backzeit kann je nach Ofentyp etwas variieren.

Käse-Cräcker

Zutaten:
- 100 g Bergkäse
- 100 g Greyerzer
- 100 g Appenzeller
- 1 TL Paprikapulver (scharf)
- 1 - 2 Prisen Cayennepfeffer

Zubereitung:
Käse reiben und gut miteinander vermischen. Dann mit Paprikapulver und Cayennepfeffer würzen.

Ein Backblech mit Backpapier auslegen. Kleine Käsehäufchen darauf platzieren und diese platt drücken.

Im vorgeheizten Backofen bei 200 Grad etwa 15 Minuten backen, bis die Cracker schön kross sind. Dann abkühlen lassen und eventuell das überschüssige Fett abtupfen.

Die Backzeit kann je nach Ofentyp etwas variieren.

Quiz

Mal schauen, ob Du Dich schon etwas mit Lebensmitteln auskennst. Aber keine Angst, die Fragen sind nicht so schwer. Das schaffst Du! Und falls nicht, hol Dir Hilfe und quizzt zusammen!
Kreuze die richtigen Antworten einfach an.

1. Woraus wird Popcorn gemacht?
O Weizen
O Mais
O Roggen

2. Woraus werden Rosinen gemacht?
O Trauben
O Kirschen
O Blaubeeren

3. Ballaststoffe sind wichtig für die Verdauung.
   Welches Lebensmittel enthält besonders viele Ballaststoffe?
O Semmel
O Vollkornbrot
O Kekse

4. Was soll man täglich essen, um sich gesund zu ernähren?
○ Nutellabrötchen
○ frisches Obst und Gemüse
○ Schnitzel

5. Wo befinden sich in einem Apfel die meisten Vitamine?
○ Im Stängel
○ In den Kernen
○ In der Schale

6. Welches Gemüse verleiht Popeye seine enorme Kraft?
○ Erbsen
○ Möhren
○ Spinat

7. Was braucht man, um Marmelade zu kochen?
○ Obst und Zucker
○ Obst und Mehl
○ Obst und Butter

8. Was ist eine Gemüsesorte?
○ Pastinake
○ Pastilla
○ Pastrami

9. Welches Lebensmittel schmeckt sauer?
○ Zitrone
○ Banane
○ Mango

Malspaß

Jetzt kannst Du Dich nach dem ganzen Kochen mit ein paar Ausmalbildern entspannen. Aber aufgepasst, auch hier dreht es sich ums Kochen.
Also an die Stifte und los!

Kinderbuchreihe Nepomuck und Finn

Auf den nächsten Seiten möchte ich Dir die beliebte Kinderbuchreihe mit meinem Freund Nepomuck vorstellen.

Viel Spaß damit.

Wenn ein Kobold und eine Maus aufeinandertreffen, kann das nur spannend werden.

Mittlerweile gibt es schon sechs gemeinsame Werke und die Fangemeinde wächst stetig.

Sie erfreuen nicht nur Kinder, auch Erwachsene können dem Charme dieser zwei liebenswerten Chaoten nicht widerstehen.

Buchtipp „Nepomucks und Finns Schlemmerbalkon"

Nepomuck und Finn laden Dich herzlich ein, sie auf ihrem Schlemmerbalkon zu besuchen.

Anhand von lustigen Geschichten möchten sie Dich animieren, selbst Obst, Gemüse sowie Kräuter anzupflanzen und zu ernten.

Du wirst sehen, das macht richtig Spaß!

Woraus wartest Du also noch? Nichts wie ran an die Töpfe und los!

Und wie immer warten am Ende des Buches auch noch ein paar tolle Überraschungen auf Dich!

Nepomuck und Finn wünschen viel Vergnügen.

ISBN: 978-3-7578-5446-1

Auch als E-Book erhältlich!

Buchtipp „Nepomuck und Finn: Abenteuer in Norwegen"

Viel zu lange haben sich Mäuserich Finn und Kobold Nepomuck schon nicht mehr gesehen. Doch es gibt da einen Plan!

Begleite die Mäuse und Kater Merlin auf ihrer aufregenden Reise über das Meer nach Norwegen und überrasche Nepomuck in seinem Kobolddorf. Erlebe ein wundervolles Sommerfest und aufregende Abenteuer mit den Freunden.

Als besonderes Bonbon gibt es diesmal Rezepte für landestypische Leckereien und zusätzlich ein paar tolle Ausflugstipps für Oslo.

Viel Spaß und gute Fahrt!

Mit Illustrationen von Andrea Horbach.

ISBN-13: 978-3756232406

Auch als E-Book erhältlich!

Buchtipp „Nepomucks und Finns Backstube"

Willkommen in Nepomucks und Finns Backstube.

Liebt Ihr Kekse und Plätzchen genauso wie Nepomuck und Finn? Und könnt Ihr nicht genug davon bekommen, wenn durch das Haus oder die Wohnung der herrliche Geruch von frischem

Gebäck zieht? Mmmh, da läuft einem doch gleich das Wasser im Mund zusammen.

Wenn das bei Euch auch so ist, ist dieses Buch genau das richtige. Hier findet Ihr Rezepte für die ganze Familie, für Geburtstage, Feiern oder einfach nur, um Euch selbst zu verwöhnen. Naschereien schmecken schließlich immer.

Nepomuck und Finn wünschen viel Spaß beim Nachbacken und Guten Appetit!

ISBN-13: 978-3754373583
Auch als E-Book erhältlich!

Buchtipp „Nepomuck und Finn: Mission Umweltschutz"

Dicke Luft, Müll im Wald und Gift im Wasser: Unsere Umwelt ist in Gefahr und damit leider auch unsere Gesundheit!

Kobold Nepomuck und Mäuserich Finn machen sich große Sorgen um die Natur. In ihren Geschichten erzählen sie Dir von ihren Erlebnissen in deutscher und englischer Sprache.

Die Verschmutzung von Wald, Gewässern und Luft geht uns alle etwas an. Niemand ist zu jung oder zu alt, und es ist höchste Zeit, endlich zu handeln.

Begleite die beiden Freunde auf ihrer wichtigen Mission, und hilf ihnen, aktiv etwas für unseren Planet Erde zu tun.

Natürlich gibt es zum Schluss als Bonbon wieder eine kleine Überraschung. Du darfst also schon mal gespannt sein! Doch vorerst viel Spaß beim Lesen!

Bad air, trash in the forest and poison in the water: our environment is in danger and unfortunately, with it so is our health!

Goblin Nepomuck and Mouse Finn are very worried about nature. In their stories they tell you about their experiences in German and English.

The pollution of forests, water and air concerns all of us. Nobody is too young or too old and it is high time to finally do something.

Accompany the two friends on their important mission and help them to actively do something for our planet Earth.
Of course as usual, there is a little "surprise candy" at the end.
So you can already be curious! But for now, have fun reading!
ISBN-13: 978-3751997478
Auch als E-Book erhältlich!

Buchtipp „Ostern mit Nepomuck und Finn"

Hast Du Lust, das Osterfest mit Nepomuck und Finn zu feiern? Der Kobold macht sich auf den Weg, um seine Mäusefreunde zu besuchen. Natürlich geht es dabei turbulent zu, und alle Nepomuck-Finn-Fans kommen wieder voll auf ihre Kosten!
Neben einer spannenden Geschichte warten diesmal unter anderem tolle Basteltipps auf Dich!
ISBN-13: 978-3750407725
Auch als E-Book erhältlich!

Buchtipp „Weihnachten mit Nepomuck und Finn"

Kobold Nepomuck und Mäuserich Finn möchten Dir das Warten auf Weihnachten verkürzen.
Deshalb haben sie extra Geschichten und Reime geschrieben.
Natürlich gibt es auch Rezepte für Kekse und Plätzchen, denn was wäre die Weihnachtszeit ohne köstliche Leckereien.
Und wer die zwei kennt, weiß, dass sie auch noch die eine oder andere Überraschung für Dich parat haben.
ISBN-13: 978-3744890144
Auch als E-Book erhältlich!

Buchtipp „Neue Abenteuer mit Nepomuck und Finn"

Kobold Nepomuck und Mäuserich Finn nehmen Dich auf spannende Abenteuer mit.

Sei gewiss, wo die zwei auftauchen, ist immer etwas los. Sie haben es nämlich faustdick hinter den Ohren und sind stets zu neuen Späßen aufgelegt. Freundschaft und gegenseitiges Vertrauen sind sehr wichtige Aspekte in dieser Geschichte. Denn, wer wünscht sich nicht einen Freund, auf den er sich voll und ganz verlassen kann?! Zusätzlich gibt es passende Ausmalbilder zum Text.

So kannst Du Deiner Kreativität freien Lauf lassen und das Buch nach Deinen Vorstellungen mitgestalten.

Natürlich warten am Ende auch noch ein paar tolle Überraschungen auf Dich!

Neugierig geworden?

Dann nichts wie los!

ISBN-13: 978-3749454280

Auch als E-Book erhältlich!

Mehr über Nepomuck und Finn unter:
https://nepomuck-und-finn.jimdosite.com/

Autorenprofil Britta Kummer

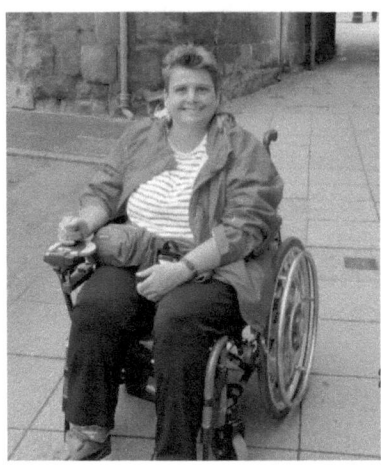

Britta Kummer wurde 1970 in Hagen (NRW) geboren. Heute lebt sie im schönen Ennepetal und ist gelernte Versicherungskauffrau.

Die Freude am Schreiben hat sie im Jahre 2007 entdeckt und seit dieser Zeit bestimmt es ihr Leben.

Sie schreibt Kinder-, Jugend- und Kochbücher. Zusätzlich gibt es auch zwei Bücher zum Thema MS. Diese sind aber keine Fachbücher über die Krankheit MS (Multiple Sklerose), sondern die MS-Geschichte der Autorin.

https://brittasbuecher.jimdofree.com/

Bücher der Autorin:
Nepomucks und Finns Schlemmerbalkon, ISBN: 978-3-7578-5446-1
Nepomuck und Finn: Abenteuer in Norwegen, ISBN: 978-3-7562-3240-6
Nepomucks und Finns Backstube, ISBN: 978-3-7543-7358-3
Nepomuck und Finn: Mission Umweltschutz, ISBN: 978-3-7519-9747-8
Ostern mit Nepomuck und Finn, ISBN: 978-3-7504-0772-5
Weihnachten mit Nepomuck und Finn, ISBN: 978-3-7448-9014-4
Neue Abenteuer mit Nepomuck und Finn, ISBN: 978-3-7494-5428-0
Willkommen zu Hause, Amy Teil 1 und 2, ISBN: 978-3-7568-9839-8
Pferde erzählen, ISBN: 978-3-9611-1618-8
Zacs großes Abenteuer, 978-3-7583-1073-7
Die Abenteuer des kleinen Finn - eine spannende Mäusegeschichte für die ganze Familie, ISBN: 978-3-7534-9967-3
Kummers Kindergeschichten, ISBN: 978-3-7386-0100-8
Kummers Kindergeschichten 2, ISBN: 978-3-7392-3824-1
Kleine Mutmachgeschichten, ISBN: 978-3-9030-5644-2
Gedankenkarussell – Eine literarische Reise, ISBN: 978-3-7392-4553-9
Mein Leben mit MS, ISBN: 978-3-9030-5642-8
Mein Leben mit MS 2, ISBN: 978-3-9654-4078-4
Weihnachtsgeschichten … und noch mehr, ISBN: 978-3-7386-4553-8
Kummers süße Verführungen, ISBN: 978-3-7562-2368-8
Kummers vegetarische Köstlichkeiten – einfach nur lecker, ISBN: 978-3-7562-0691-9
Vegetarisches Grillvergnügen – so einfach geht's, ISBN: 978-3-7526-8395-0
Köstlich vegetarisch - Meine Lieblingsgerichte ISBN: 978-3-7519-9382-1
Vegetarisch für die ganze Familie, ISBN: 978-3-7448-9344-2
Kummers Suppentöpfchen, ISBN: 978-3-7386-1124-3
Kummers Schlemmerkochbuch - das etwas andere Kochbuch!, ISBN: 978-3-7534-4391-1
Vegetarische Weltreise, ISBN: 978-3-7528-3915-9
Aufläufe und Gratins – Vegetarische Köstlichkeiten aus dem Backofen [Kindle Edition], ASIN: B0CZV2VY8W
Vegetarisch für Jedermann 2 [Kindle Edition], ASIN: B0CL9RJ9NP
Vegetarisch für Jedermann [Kindle Edition], ASIN: B079YGP512
LIES MICH ! - Leseproben aus tollen Kinderbüchern [Kindle Edition], ASIN: B096YZ5VDN
KOCH MICH ! – Rezeptideen aus Kochbüchern und brandneue Rezepte, [Kindle Edition], ASIN: B0BLQJCBNV

Mehr Infos unter:

http://brittasbuecher.jimdofree.com/

Danke

Der größte Dank geht an meine Eltern, weil sie immer für mich der Fels in der Brandung sind und mir helfen, all meine Höhen und Tiefen zu überwinden.

An meine Freunde, die immer da sind, wenn ich mal eine starke Schulter zum Anlehnen, zum Zuhören, zum Trösten, zum Weinen, aber auch zum Lachen, brauche.

An meine Autorenfreunde
Heidi Dahlsen
http://autorin-heidi-dahlsen.jimdofree.com/

Christine Erdiç
http://christineerdic.jimdofree.com/
https://literatur-reisetipps.blogspot.de/

für ihre kreative Unterstützung, unermüdliche Hilfe
und dass sie mir immer mit Rat und Tat zur Seite stehen.